STATUTS & RÈGLEMENTS

DE LA

BIBLIOTHÈQUE POPULAIRE

DE NANTES

QUAI DE LA FOSSE, 36

PRIX : **15** CENTIMES

NANTES

IMPRIMERIE F. SALIÈRES

Rue du Calvaire, n° 10

—

1888

STATUTS & RÈGLEMENTS

DE LA

BIBLIOTHÈQUE POPULAIRE

DE NANTES

QUAI DE LA FOSSE, 36

PRIX : **15** CENTIMES

NANTES

IMPRIMERIE F. SALIÈRES

Rue du Calvaire, n° 10

—

1888

BIBLIOTHÈQUE POPULAIRE

STATUTS

ARTICLE PREMIER.

La Bibliothèque populaire de Nantes, créée et maintenue par voie de coopération, a pour but de mettre à la disposition de ses adhérents les journaux et autres publications qui appartiennent ou pourront appartenir à l'Association.

Le siège de la Société est au local même de la Bibliothèque.

ARTICLE 2.

Les salles de la Bibliothèque sont ouvertes aux Sociétaires des deux sexes et à leurs familles.

Un règlement spécial fixe les détails d'exécution et d'ordre intérieur.

ARTICLE 3.

Sont Sociétaires sous les conditions ci-après désignées à l'article 4 :

1° Les Souscripteurs qui s'engagent pour une année, à partir du 1er du mois dans lequel ils sont entrés, à payer une cotisation de VINGT-CINQ CENTIMES par mois, et d'avance, et un droit d'entrée fixé à CINQUANTE CENTIMES.

2° Les Fondateurs qui versent un capital, une fois payé, de CENT FRANCS.

ARTICLE 4.

Toute personne désirant faire partie de la Bibliothèque devra être présentée par deux Sociétaires. Son nom et ceux des présentateurs seront inscrits sur un registre spécial tenu à la disposition de tous les Membres de la Société.

En outre, la Commission administrative devra également afficher, dans les salles de lecture, un tableau contenant les mêmes indications.

Dans sa réunion mensuelle, la Commission prononce, à la majorité des Membres présents, l'acceptation ou le rejet du Membre proposé.

ARTICLE 5.

Les jeunes gens des deux sexes n'ayant pas atteint l'âge de dix-huit ans devront, pour être admis Sociétaires, se conformer aux prescriptions de l'article précédent et, de plus, avoir le consentement de leurs parents.

Toutefois, la Commission se réserve de statuer sur les cas spéciaux qui pourraient se présenter.

ARTICLE 6.

Tous les Sociétaires au-dessus de dix-huit ans ont les mêmes droits et délibèrent au même titre dans les Assemblées générales.

Ils ont seuls le droit de vote.

ARTICLE 7.

Les ressources de la Société, quelle que soit leur provenance, ne pourront être employées qu'à l'achat de livres, à l'amélioration et à l'entretien de la Bibliothèque.

ARTICLE 8.

Une Commission administrative de vingt Membres est nommée chaque année, dans le courant de janvier, par l'Assemblée générale.

Les Membres sortants sont rééligibles.

L'élection a lieu à la majorité des votants.

Tous les Sociétaires âgés de vingt et un ans au moins, et admis dans la Société depuis plus de six mois, peuvent faire partie de la Commission ; toutefois, et par dérogation spéciale, le Gardien de la Bibliothèque ne peut être nommé Membre de la Commission.

ARTICLE 9.

La Commission administrative élit dans son sein un Bureau composé de :

> Un Pésident,
> Deux Vice-Présidents,
> Un Secrétaire,
> Un Trésorier,
> Un Bibliothécaire,
> Un Économé-Archiviste.

Le Président de la Commission administrative devient, pour l'année, le Président de la Bibliothèque.

ARTICLE 10.

Le Président veille aux intérêts généraux de la Société et la représente en toutes circonstances.

Il a le droit de se faire remettre les livres du Trésorier, du Secrétaire et du Bibliothécaire, sauf à en donner récépissé.

En cas d'absence du Président, les Vice-Présidents le remplacent dans toutes ses attributions.

ARTICLE 11.

Le Secrétaire rédige les procès-verbaux des séances de la Commission et des Assemblées générales et les transcrit sur un registre spécial, il fait les convocations, en se conformant aux statuts et règlements. Il s'occupe de la correspondance.

ARTICLE 12.

Le Trésorier encaisse les cotisations, fait recette de

tous autres fonds qui pourraient être adressés à la Société, soldé les dépenses obligatoires et sur visa du Président les dépenses imprévues.

Il est responsable des sommes laissées entre ses mains. Il tient ses livres à la disposition de la Commission, dans chaque séance ordinaire, et doit se conformer aux décisions prises par cette dernière pour le placement des fonds.

En fin d'année, il présente à l'Assemblée générale l'état de la caisse et le détail des opérations y afférentes.

ARTICLE 13.

Le Bibliothécaire procède à la distribution des livres demandés par les Sociétaires, il s'occupe de leur classement, de leur reliure, etc.

Il est chargé tout particulièrement de la rentrée des volumes en circulation.

En fin d'année, il fait un rapport sur l'état de la Bibliothèque et indique les améliorations qu'il juge nécessaires.

Le Bibliothécaire et ses Adjoints ont seuls le droit de distribuer les livres.

ARTICLE 14.

L'Économe dresse un inventaire du mobilier de la Bibliothèque, fait les achats, sauf approbation de la Commission, s'occupe du chauffage, de l'éclairage et autres choses de même nature, et veille tout spécialement à l'entretien du matériel et des archives.

ARTICLE 15.

Les fonctions de Membres de la Commission sont entièrement gratuites, toutefois il pourra être accordé une indemnité pour services rendus.

ARTICLE 16.

Les fonctions de la Commission administrative consistent :

Dans l'établissement du budget de chaque année, le choix des ouvrages qui doivent figurer au Catalogue, l'élaboration des règlements intérieurs, enfin dans tous les actes administratifs de la Société.

A chaque Assemblée générale annuelle, la Commission présentera le compte-rendu des opérations de l'année écoulée.

ARTICLE 17.

Le loyer de la Bibliothèque se paie d'avance et par semestre.

Chacun des membres de la Commission en exercice devient solidaire du loyer avec les signataires du bail.

ARTICLE 18.

En cas de démission du quart des Membres de la Commission administrative, les Sociétaires seront convoqués en Assemblée générale, afin de pourvoir à leur remplacement.

ARTICLE 19.

Les votes de la Commission administrative ne sont valables que si le nombre des Membres présents est au moins de sept.

ARTICLE 20.

Tout Sociétaire en retard de TROIS MOIS dans le paiement de ses cotisations reçoit une lettre de rappel du Trésorier, l'engageant à se libérer ; l'affranchissement de cette lettre et les frais d'imprimés, soit 0 fr. 25 devront être acquittés en même temps que les cotisations arriérées.

Tout membre en retard de plus de SIX MOIS est RADIÉ de plein droit.

Sont seuls exceptés de cette mesure les Sociétaires payant habituellement à l'année et ne prenant pas de livres.

ARTICLE 21.

Tout Membre radié pour retard de paiement, ne pourra être réadmis dans l'association qu'après s'être libéré des sommes dues par lui au moment de sa radiation et en remplissant de nouveau les conditions exigées pour les admissions ordinaires (art. 4 des statuts).

Les mêmes règles seront applicables aux Sociétaires démissionnaires dans la première année de leur inscription qui désireront faire de nouveau partie de la Bibliothèque.

Les adhérents comptant plusieurs années de sociétariat, en règle avec le Trésorier et le Bibliothécaire au moment de leur départ, pourront être réadmis en payant seulement le droit d'entrée indiqué audit article 4 des statuts.

ARTICLE 22.

La Commission administrative pourra prononcer la radiation d'un Membre pour tout motif d'ordre général.

Le Sociétaire contre lequel cette mesure serait prise devra, au préalable, être appelé au sein de la Commission pour fournir des explications.

Il aura le droit d'appeler de cette décision à l'Assemblée générale.

ARTICLE 23.

Une Assemblée générale ordinaire aura lieu chaque année, dans le courant de janvier.

Toute demande signée par le dixième au moins des Sociétaires, et tendant à la convocation d'une Assemblée générale extraordinaire, obligera la Commission administrative à convoquer cette Assemblée dans le délai d'un mois au plus.

La Commission pourra, en outre, convoquer une Assemblée générale toutes les fois qu'elle le jugera utile.

ARTICLE 24.

Les décisions des Assemblées générales sont prises à la majorité des voix des Membres présents ; toutefois, pour les modifications aux Statuts, cette majorité devra représenter le dixième des Sociétaires.

ARTICLE 25.

Toute demande de modification des présents Statuts sera d'abord transmise à la Commission administrative, qui fera un rapport et le soumettra à une Assemblée générale.

ARTICLE 26.

En cas de dissolution de la Société, tout l'actif social, une fois les dettes payées, revient de droit à la Bibliothèque publique de Nantes.

RÈGLEMENT INTÉRIEUR DE LA BIBLIOTHÈQUE

ARTICLE PREMIER

Les salles de lecture de la Bibliothèque sont ouvertes tous les jours de neuf heures du matin à dix heures du soir.

ARTICLE 2.

Tout Membre, pour être admis, devra être muni de sa carte personnelle, qui lui sera délivrée par le Bibliothécaire et dont le coût est de 0 fr. 10.

ARTICLE 3.

Les Sociétaires ont le droit d'amener leurs femmes et leurs enfants. Ils peuvent amener aussi des personnes étrangères à la Société, mais pendant huit jours seulement.

ARTICLE 4.

La Commision administrative pourra désigner des Commissaires chargés de maintenir l'ordre dans les salles de lecture.

ARTICLE 5.

Les lecteurs, soit de journaux, soit de livres, doivent, autant que possible, éviter les conversations bruyantes qui troubleraient leurs voisins.

ARTICLE 6.

Aucun Membre de la Bibliothèque ne pourra emporter au dehors les journaux en lecture, sans y être autorisé par le Bibliothécaire.

Le journaux ainsi emportés devront toujours être rendus dès le surlendemain.

ARTICLE 7.

D'après l'article 3 des Statuts, les cotisations se paient par mois et d'avance. Les versements ont lieu les jours de prêts de livres.

Les Sociétaires doivent exiger, sur leur carte, l'apposition d'un cachet spécial, autant de fois qu'ils acquittent de cotisations mensuelles.

ARTICLE 8.

Un registre permanent sera déposé dans les salles de lecture pour recevoir la liste des ouvrages que les Sociétaires désireraient lire et que la Bibliothèque ne posséderait pas, ainsi que les observations que chaque Membre pourrait avoir à formuler.

Toute réclamation, pour être accueillie, devra être revêtue de la signature de son auteur.

La Commission, dans chacune de ses séances ordinaires, prendra connaissance de ce registre et, suivant le cas, donnera suite aux demandes qui y seront contenues.

ARTICLE 9.

Tout Membre de la Bibliothèque peut prendre connaissance des procès-verbaux de la Commission administrative, en remettant un jour de prêts de livres une demande écrite au Bibliothécaire.

Au prêt de livres suivant, le registre qui les contient sera mis à la disposition du Sociétaire, qui, toutefois, ne pourra, sous aucun prétexte, faire sortir ce registre des salles de lecture.

ARTICLE 10.

Des lettres de convocation pour les Assemblées générales sont adressées par la Poste à chacun des Membres de la Bibliothèque. L'ordre du jour de la séance s'y trouve mentionné.

Les Sociétaires seront en même temps convoqués par la voie de la Presse et par des Affiches placardées dans les salles de la Bibliothèque.

ARTICLE 11.

Toute demande qui semblerait à ses auteurs présenter un intérêt général et nécessiter une délibération immédiate devra être revêtue de la signature de cinq Sociétaires et adressée au Président. Celui-ci, ou à son défaut, l'un des Vice-Présidents, convoquera le Bureau dans le plus bref délai possible, afin de délibérer sur l'urgence. Si elle est reconnue, le Président réunira la Commission administrative dans les formes ordinaires pour discuter la proposition.

ARTICLE 12.

Le présent Règlement sera imprimé et publié en brochure, ainsi que les Statuts, le Règlement du prêt des livres et le Règlement intérieur de la Commission.

Chaque Membre de la Société devra en recevoir un exemplaire, à raison de 0 fr. 15 c., lors de son admission.

RÈGLEMENT DU PRÊT DES LIVRES

ARTICLE PREMIER.

La Bibliothèque populaire prête des ouvrages à tous les Sociétaires sur la présentation de leurs cartes, les jours et heures de prêts des livres sont affichés dans les salles de lecture.

ARTICLE 2.

Nul ne peut emporter à chaque prêt de livres plus d'un volume par carte, ni le garder au-delà de trois semaines ; passé ce délai, le Bibliothécaire est chargé de faire rentrer l'ouvrage ; le Sociétaire en retard devra acquitter la somme de 0 fr. 25 c. pour frais de correspondance.

ARTICLE 3.

Les lecteurs doivent éviter, avec le plus grand soin, de mettre sur les livres des taches d'encre ou de graisse, de les écorner, d'en déchirer les pages.

Il serait bon que chaque Sociétaire mit une couverture en papier sur les livres que lui prête la Bibliothèque.

ARTICLE 4.

Les livres rendus par les Sociétaires devront être remis entre les mains du Bibliothécaire, qui en constatera l'état.

Toutes les dégradations aux ouvrages, provenant du fait des lecteurs, seront mises à la charge de ceux-ci. Le Bibliothécaire pourra, dans ce cas, laisser le livre détérioré entre les mains du Sociétaire, en exigeant qu'il soit remplacé immédiatement.

ARTICLE 5.

Les lecteurs qui auront détérioré des ouvrages, et qui se refuseront à les remplacer, pourront être exclus de la Société par la Commission administrative, qui, dans ce cas, devra se conformer aux prescriptions de l'article 22 des Statuts.

ARTICLE 6.

Des exemplaires imprimés du Catalogue devront être déposés dans la salle de prêts de livres, et mis à la disposition de tous les Sociétaires.

ARTICLE 7.

La Bibliothèque reçoit avec reconnaissance les ouvrages que des personnes bienveillantes lui offrent à titre de don.

RÈGLEMENT INTÉRIEUR DE LA COMMISSION

ARTICLE PREMIER.

La Commission se réunit le premier jeudi de chaque mois, à huit heures du soir, au local de la Société ; elle est convoquée par lettres circulaires portant l'ordre du jour.

En outre, des séances extraordinaires pourront avoir lieu en exécution de l'article 11 du Règlement intérieur, des articles 18 et 23 des Statuts et aussi souvent que les intérêts de la Société l'exigeront.

ARTICLE 2.

Dans la première réunion qui suit son élection, la Commission administrative vérifie ses pouvoirs et nomme son Bureau, conformément à l'article 9 des Statuts.

ARTICLE 3.

Le Secrétaire, le Trésorier et le Bibliothécaire choisissent eux-mêmes leurs Adjoints, et demeurent seuls responsables vis-à-vis de la Commission.

Ces Adjoints peuvent être pris en dehors de la Commission administrative, mais toujours parmi les Sociétaires.

Les Adjoints peuvent assister aux réunions de la Commission ; mais ils n'ont pas voix délibérative.

ARTICLE 4.

Des sommes seront allouées, par la Commission, au Trésorier, au Secrétaire, au Bibliothécaire, pour être employées selon les décisions de la Commission.

De nouveaux crédits ne pourront être ouverts qu'après justification de l'emploi des précédents.

ARTICLE 5.

Tout Membre qui, sans raisons adressées à la Commission et reconnues valables par elle, aura manqué à trois séances consécutives, pourra être considéré comme démissionnaire.

Avis lui en sera donné, et il sera pourvu à son remplacement, conformément à l'article 18 des Statuts.

ARTICLE 6.

Tous les ans, il sera dressé une liste des Fondateurs et des Donateurs, soit d'argent, soit de livres.

Cette liste sera affichée dans les salles de lecture.

Si la situation de la caisse le permet, il sera également publié, chaque année, par les soins de la Commission, un bulletin des opérations de l'année écoulée, lequel sera adressé à chaque Membre de la Bibliothèque.

COMMISSION DE 1888

MM.		MM.
CHAMPURY,	Président.	MEY.
BRUNELLIÈRE,	Vice-Président.	NORMAND,
BONFANTE,	—	NOYEAU,
ROUSSEAU,	Secrétaire.	PONCEAU,
GUILET,	Trésorier.	SALMON.
DULONG,	Bibliothécaire	SCHEUL.
DEJEANJEAN.		SÉBIRE,
DENIS,		VILLAIN,
LEBOUCHER,		

Membres fondateurs-renteurs

MM.

1. RÉCIPON, Négociant, Conseiller municipal, Vice-Président du Conseil d'arrondissement ;
2. NORMAND, Négociant, Conseiller général.

Membres fondateurs

MM.

1. LUCAS DE PESLOUAN, Docteur en droit, Conseiller général ;
2. LAISANT, Capitaine du génie, Conseiller général ;
3. LE CERCLE FRANKLIN ;
4. FERRER, Avocat, Conseiller municipal ;
5. COLOMBEL, Avocat, Conseiller municipal ;
6. ERNEST, Négociant, Conseiller municipal ;
7. JOUSSEAUME, Conseiller municipal ;
8. ÉTIENNEZ, Conseiller municipal ;
9. GUÉPIN, Docteur, Conseiller municipal et général ;
10. LEGAL (Hipp.), Négociant, Conseiller municipal ;
11. LECHAT, Conseiller municipal, 1er adjoint au Maire de Nantes ;
12. FLORNOY, Armateur, Conseiller municipal ;
13. RIOM, Négociant, Conseiller municipal ;
14. LEGAL (Stanislas), Négociant ;
15. DUVAL, Filateur ;
16. BRISSONNEAU, Constructeur-Mécanicien ;
17. SARRADIN, Conseiller municipal, adjoint au Maire ;
18. VIAL, Négociant, Conseiller municipal ;
19. GARNIER, Conseiller municipal, adjoint au Maire ;

Nantes. Imp. F. SALIÈRES, rue du Calvaire, 10.

www.ingramcontent.com/pod-product-compliance
Ingram Content Group UK Ltd.
Pitfield, Milton Keynes, MK11 3LW, UK
UKHW021721090726
13657UKWH00005B/2381